RATUS POCHE

COLLECTION DIRIGÉE PAR JEANINE ET JEAN GUION

❧

Arthur
et l'enchanteur Merlin

Les histoires de toujours

- Icare, l'homme-oiseau
- Les aventures du chat botté
- Les moutons de Panurge
- Le malin petit tailleur
- Histoires et proverbes d'animaux
- Le cheval de Troie
- Arthur et l'enchanteur Merlin
- Gargantua et les cloches de Notre-Dame
- La légende des santons de Provence
- L'extraordinaire voyage d'Ulysse
- Robin des Bois, prince de la forêt
- Les douze travaux d'Hercule
- Les folles aventures de Don Quichotte

© Hatier Paris 2004, ISSN 1259 4652, ISBN 2-218 74836-3

Arthur et l'enchanteur Merlin

D'après la légende celte

Un récit d'Hélène Kérillis
illustré par Bruno Pilorget

Arthur

Le baron Antor

L'enchanteur Merlin

Les personnages de l'histoire

1

La nuit tombe sur l'Angleterre. Dans une forêt profonde, trois cavaliers accompagnent une servante qui serre quelque chose dans ses bras. Ils avancent lentement, surveillant les alentours. Enfin, la petite troupe s'arrête au bord d'un lac. La femme écoute la forêt, inquiète. Rien, personne. L'endroit semble désert. Soudain, un vieux bûcheron à la longue barbe blanche apparaît. Les cavaliers sortent leurs épées. La femme hésite. Est-ce bien celui avec qui elle a rendez-vous ?

– Qui êtes-vous ? demande-t-elle.

Pour se faire reconnaître, l'homme montre l'anneau d'or qu'il porte à son doigt.

– L'enchanteur Merlin ! murmure-t-elle.

*Quel paquet la servante remet-elle
à Merlin ?*

Rassurée, la femme fait signe aux cavaliers de s'éloigner, puis elle donne à Merlin ce qu'elle tenait dans ses bras.

– Prenez-en grand soin, dit-elle, émue.

Le bûcheron examine le paquet qu'on vient de lui remettre. Il écarte un pan de tissu et découvre le visage d'un nouveau-né.

– Retourne en paix chez tes maîtres, dit-il à la servante. Je veillerai sur cet enfant de toute mon âme.

Quand le groupe est hors de vue, Merlin tourne son anneau d'or en prononçant des paroles mystérieuses. Aussitôt, son vêtement se couvre de broderies et un cheval apparaît. Merlin l'enfourche et s'en va à travers la nuit. 1

Le lendemain matin, serrant le précieux bébé contre lui, il arrive au château du baron Antor.

– Halte ! Qui vive ? crie la sentinelle du 2
haut des remparts.

– Je suis Merlin, le conseiller du roi Uter-Pendragon ! crie-t-il.

Aussitôt, le pont-levis se baisse et Merlin pénètre à l'intérieur du château. On le conduit aux appartements du baron. Les deux hommes se connaissent depuis longtemps. Merlin sait qu'Antor est bon et généreux : il saura prendre soin du bébé.

– Je te le confie, dit Merlin en découvrant le visage du nouveau-né. Au nom de notre amitié, élève-le comme ton propre fils.

– Qui est-ce ? demande Antor.

– Je ne peux dévoiler le secret de sa naissance, pas même à toi… Mais sache qu'il s'appelle Arthur.

Antor prend le bébé que lui tend Merlin et promet :

– Je ferai ce que tu me demandes. Ma dame allaitera cet enfant en même temps que Kay, notre fils qui vient de naître.

Les années ont passé. Arthur et Kay ont grandi ensemble, comme deux frères. Ils ont maintenant quinze ans. Kay, le plus grand des deux, est un garçon plein d'énergie qui se met facilement en colère. Arthur, lui, est calme et réfléchi.

Comme tous les matins, les voici qui partent à la chasse. Kay, impatient, galope dans la cour du château en faisant claquer son fouet au-dessus des chiens :

– Allez, ouste, paresseux ! leur crie-t-il.

Arthur, lui, flatte l'encolure de son cheval avant de le monter. L'animal hennit de plaisir quand son jeune maître se penche et lui souffle à l'oreille :

– En avant, bel ami !

Au retour de la chasse, les deux garçons suivent les leçons d'un moine qui leur raconte l'histoire du royaume.

– Notre roi, Uter-Pendragon, combat nos

ennemis les Saxons… commence le moine.

Kay bâille. Tout cela l'ennuie. Chasser et galoper au grand air, voilà ce qu'il aime. Arthur, lui, écoute de toutes ses oreilles :

– …mais les Saxons deviennent de plus en plus menaçants, poursuit le moine.

– Maudits Saxons ! s'écrie Arthur en serrant les poings. Un jour, moi aussi je les combattrai !

Il ne rêve qu'à cela : être armé chevalier, posséder une épée et défendre le royaume.

En attendant, Arthur et Kay sont de simples écuyers. Ils n'ont pas encore le droit de se servir d'une épée. Tous les jours ils s'entraînent sous la direction d'un maître d'armes. Dans un champ, on dresse deux quintaines, c'est-à-dire des mannequins bourrés de paille, qu'il faut renverser à coups de lance. Quand les garçons en seront capables, ils seront armés chevaliers.

– Hardi ! s'écrie le maître d'armes pour encourager ses élèves.

Arthur monte à cheval et s'élance le premier. Il serre son arme de toutes ses forces. Il fait tomber la première quintaine, mais touche la deuxième sans la renverser.

Kay s'impatiente. Il veut montrer de quoi il est capable. Il part au galop, mais touche à peine le premier mannequin, manque le second et tombe de cheval.

– Par l'enfer ! jure-t-il en se relevant.

Il ne veut pas rester sur un échec. Il repart et cette fois les quintaines volent en éclats, éparpillant leur paille alentour.

Plein d'orgueil, il court vers le baron Antor qui assiste à la leçon :

– Père, pourquoi attendre plus longtemps ? Ne suis-je pas assez fort pour être armé chevalier ?

Qui réussit à renverser les deux mannequins ?

– Quel est votre avis ? demande le baron au maître d'armes.

– Qu'il essaie encore une fois !

Kay s'élance de nouveau et renouvelle son exploit. Le maître d'armes le félicite : il peut être armé chevalier. Antor approuve. Kay ne peut s'empêcher de jeter à son frère un regard de triomphe : il sera chevalier avant Arthur !

2

Les semaines suivantes, une grande agitation règne au château du baron Antor : on forge des armes pour Kay, le futur chevalier, les cuisiniers préparent cerfs et sangliers pour le banquet, les jongleurs et les musiciens répètent dans la cour.

La nuit précédant l'adoubement, Kay doit rester en prière au monastère voisin, sans s'asseoir ni dormir. Arthur, qui est son écuyer, l'accompagne. Jamais il n'a approché d'aussi près la chevalerie dont il rêve si fort. Il ne quitte pas des yeux l'épée posée sur l'autel à côté des cierges. Il ne s'assoit pas, il ne s'endort pas.

— Dans quelques mois, ce sera mon tour,

se répète-t-il toute la nuit.

Kay, lui, s'endort plusieurs fois.

Quand le jour se lève enfin, une foule d'invités envahit l'église et assiste à la messe. Puis on retourne au château : c'est le moment qu'Arthur attend avec émotion.

Le baron Antor saisit l'épée et s'adresse à son fils Kay qui s'est agenouillé :

– Pourquoi veux-tu entrer dans l'Ordre des Chevaliers ?

Arthur sait par cœur la réponse. Ses lèvres murmurent les mots que son frère prononce fièrement :

– Pour protéger les faibles, honorer Dieu et combattre l'ennemi ! Jamais je ne reculerai au combat ! En tout lieu, je défendrai le Droit et le Bien !

Antor remet enfin l'épée au nouveau chevalier qui se redresse triomphalement.

Quelle nouvelle annonce le messager ?

Ensuite, c'est un tourbillon de couleurs et de bruits : pendant des heures on se régale à table, au milieu des cabrioles, des jongleurs et du tintamarre des musiciens. Arthur, qui a veillé toute la nuit, finit par s'endormir, épuisé.

Soudain, il se réveille en sursaut. Tout est silencieux. Serviteurs, jongleurs, musiciens sont immobiles. Le baron Antor est debout, le visage soucieux. Un messager se tient au milieu de la pièce, les vêtements salis par la boue des chemins. À son air, on devine qu'il s'est passé quelque chose de grave.

– Le roi Uter-Pendragon est mort ! annonce-t-il.

La nouvelle de la mort du roi s'est répandue comme une traînée de poudre. Et comme il n'a pas d'héritier, les ennemis du royaume en profitent aussitôt pour prendre les armes. Déjà, plusieurs villages proches des frontières ont été pillés et incendiés.

– Maudits Saxons ! s'écrie Antor. Rien ne les arrêtera donc ?

Pour faire face au danger, les barons d'Angleterre doivent désigner au plus vite un nouveau roi. Ils ont été appelés d'urgence à Londres par Merlin et l'archevêque. Antor se prépare en toute hâte.

– Si nous ne choisissons pas un roi, c'en est fait du royaume ! explique-t-il à ses deux fils.

Arthur tremble de colère à cette idée.

– Je veux combattre les Saxons ! s'écrie-t-il.

– Tu n'es qu'un écuyer ! réplique Kay. Mais moi, je suis chevalier ! Père, je veux vous accompagner à Londres.

– Impossible ! répond le baron. Les Saxons menacent. Je ne peux pas laisser le château sans maître. Mes fils, vous resterez ici et vous défendrez le domaine s'il le faut !

Kay, furieux, sort en claquant la porte. Arthur, lui, pense à tous les dangers du voyage qui menacent son père.

– Que Dieu vous garde en vie, messire ! dit-il à Antor.

Le baron le regarde, ému. Il l'aime comme son propre fils. Il se souvient comment l'enfant est arrivé dans les bras de Merlin, et il s'interroge :

« Maintenant qu'Arthur a quinze ans, dois-je encore garder le secret de sa naissance ? Mais que lui dire ? Je ne sais même pas qui est son père ! Et un enfant dont on ne connaît pas la lignée, on l'appelle un bâtard. Quelle injure ce serait pour Arthur ! »

– Grand merci, mon doux fils, répond le baron. À mon retour, nous songerons à ton avenir, futur chevalier !

3

« Futur chevalier… » se répète Arthur.

Pendant l'absence du baron, ces mots lui redonnent du courage chaque fois que Kay le rabaisse. Un jour que son frère s'est montré particulièrement désagréable, Arthur n'y tient plus. Furieux, il monte sur son cheval et part au galop vers la forêt. Il ne ralentit l'allure que lorsqu'il est calmé. Il avance au hasard, perdu dans ses pensées. Brusquement, son cheval fait un écart. Arthur sort de sa rêverie. On dirait que quelque chose a bougé dans la lumière qui filtre entre les arbres…

– Qui va là ? s'écrie-t-il.

Un bûcheron à la barbe blanche apparaît

et s'avance vers lui.

– Vous plairait-il, messire, de marcher en ma compagnie ? demande-t-il.

Arthur est heureux de trouver quelqu'un à qui parler. Il met pied à terre et se laisse guider jusqu'à une source.

– Vous avez été fort mal traité ces derniers temps, lui dit le bûcheron.

Arthur s'étonne :

– Comment le savez-vous ?

– Peu importe, répond l'homme. Dites-moi plutôt : que souhaitez-vous le plus au monde ?

« Quel homme étrange ! pense Arthur. S'il est simple bûcheron, pourquoi cet anneau d'or à son doigt ? Et pourquoi m'examine-t-il avec tant d'attention ? Quelle force dans son regard ! »

Il se sent à l'aise avec cet homme. Il ose lui dire ce qu'il n'a confié à personne, pas

Qui Arthur rencontre-t-il dans la forêt ?

même à Antor, de peur de paraître ridicule.

– Plus que tout au monde, je désire devenir un grand chevalier, déclare-t-il avec force.

– Pourquoi cela ?

– Pour défendre le Bien et le Droit ! Pour chasser les Saxons du royaume !

Le bûcheron voit la flamme qui brille dans les yeux d'Arthur. Il hoche la tête, satisfait.

– Vous serez plus qu'un chevalier, lui dit-il. L'avenir est grand ouvert devant vous !

Arthur se sent mieux. Il écoute le clapotis de l'eau, la respiration puissante du cheval, le bruissement du vent. Comme les méchancetés de Kay lui semblent lointaines, maintenant !

Après un silence, l'homme pose sa main sur l'épaule d'Arthur :

– Rentrez au château, lui dit-il. On vous y attend.

Resté seul, le bûcheron reprend sa marche et arrive au bord d'un lac. Il tourne l'anneau d'or à son doigt et son vêtement se couvre de broderies. C'est l'enchanteur Merlin ! Il pose un pied sur l'eau, puis l'autre, et entre dans un nuage de brume qui flotte à la surface du lac.

— Viviane, Dame du Lac, m'entendez-vous ? demande Merlin.

— Je suis là, répond une voix. Beau doux ami, venez près de moi !

Le brouillard se déchire. La Dame du Lac accueille Merlin dans son domaine enchanté, invisible aux yeux des hommes. Une couronne d'étoiles scintille sur les longs cheveux bleutés de la fée Viviane.

— Belle amie, dit Merlin, je vous prie de forger une arme magique, une épée de lumière qui défendra le Bien et le Droit.

— Je puis forger une telle arme, mais

existe-t-il au monde un chevalier digne seulement de la porter ?

– Oui, il existe, affirme Merlin.

Les cheveux de la fée Viviane tremblent dans la brume. Elle regarde Merlin.

– Je forgerai donc cette épée pour l'amour de vous, lui répond-elle. Son nom sera « Excalibur ».

Qu'a demandé Merlin à la fée Viviane ?

4

Antor est rentré de Londres. Il fait les cent pas devant la cheminée du château où brûle un grand feu.

— Les barons n'ont pas plus de cervelle que des volailles ! s'écrie-t-il, furieux. Ils perdent leur temps à se disputer le pouvoir tandis que les Saxons pillent nos villages !

— Pourquoi attendre que nous soyons taillés en pièces ? crie son fils Kay en tapant du poing sur la table. Plutôt nous battre tout de suite et jusqu'au dernier !

Antor secoue la tête.

— Cela ne suffit pas, dit-il. Il faut choisir un roi capable de nous rassembler.

Arthur est désespéré.

– Il n'y a donc aucun chevalier qui mérite la couronne ? murmure-t-il.

– Non, hélas ! répond Antor. Mais Merlin nous a redonné de l'espoir. Il a prédit que vers Noël, un signe de Dieu désignerait un nouveau roi.

– Comment cela ? demande Arthur.

– Il n'a rien ajouté. L'archevêque a donc appelé tous les barons et les chevaliers à Londres pour les fêtes de Noël.

« Les barons et les chevaliers ! Et les écuyers ? » se demande Arthur, inquiet.

Il se voit déjà oublié ! Kay, lui, redresse la tête avec orgueil. Il ouvre la bouche pour dire quelque méchanceté à Arthur, mais Antor parle avant lui :

– Un chevalier ne peut se déplacer sans écuyer. Arthur nous accompagne !

Arthur remercie son père d'un sourire. Il est transporté de joie.

Antor et sa suite arrivent à Londres le jour de Noël. Il a neigé, et dans les rues on patauge dans la boue. Kay ronchonne selon son habitude :

– Quelle saleté !

Arthur, lui, s'émerveille de tout ce qu'il voit : marchands ambulants, belles dames, gardes avec leurs étendards haut levés, et au-dessus de lui, les toits si blancs qu'on dirait des ailes d'ange. Il ne peut s'empêcher de remarquer combien son frère est différent. Celui qui ne sait voir dans ce monde que la boue, comme Kay, peut-il véritablement faire quelque chose de grand ?

Ils arrivent en vue de la cathédrale et pénètrent à l'intérieur. Merlin, les barons du royaume, les chevaliers et leur suite ont leur place près de l'autel. Derrière, le moindre recoin est occupé par la foule.

Que découvre Arthur sur le parvis
de la cathédrale ?

Chacun attend le signe qui désignera le nouveau roi.

Mais quand l'archevêque prononce les dernières prières, quand le dernier cantique retentit, rien ne se passe. Personne ne sort de la cathédrale. On attend, on espère encore. Soudain, un cri venu du dehors retentit sous les voûtes :

– Venez tous ! Venez voir !

Aussitôt, la foule se précipite à l'extérieur, entraînant Arthur. Il se hausse sur la pointe des pieds, mais il ne voit rien d'autre que des têtes. Il entend un immense hourra. Que se passe-t-il donc ? Arthur grimpe sur les premières branches d'un arbre et ce qu'il découvre lui coupe la respiration. Sur le parvis de la cathédrale, il y a un bloc de pierre si énorme que seuls des géants pourraient le soulever. Plantée dans la roche, une épée resplendit au soleil.

10

Merlin s'approche. La foule se tait quand il lit une inscription gravée sur la roche :

– Cette épée a pour nom « Excalibur ». Celui qui l'arrachera de la pierre deviendra notre roi !

L'archevêque bénit l'épée et dit :

– Que les barons et les chevaliers essaient !

Un premier baron se présente. Il ferme la main sur la poignée de l'épée, bloque sa respiration et tire de toutes ses forces. La foule retient son souffle. Mais l'épée ne bouge pas d'un cheveu. Les barons et les chevaliers défilent les uns après les autres, chacun décidé à réussir l'exploit qui le fera roi. Sans succès.

L'immense espoir qu'avait fait naître Excalibur retombe. La foule se disperse. Sur la place maintenant déserte, il ne reste que quelques gardes autour du bloc de pierre où scintille l'épée.

5

Au premier jour de janvier, on supprime la garde. Personne n'a oublié la prédiction de Merlin, mais Noël est passé et un autre événement se prépare : le tournoi du nouvel an. On a dressé des estrades pour les dames, des barrières pour contenir la foule, des tentes pour les chevaliers et leurs écuyers. Kay participe au tournoi.

Arthur a fini de préparer les armes et le cheval de son frère. Maintenant, il peut aller admirer les bannières multicolores, les blasons semés d'étoiles et de lions, les dames aux longues nattes et aux yeux de diamants.

Mais déjà, les trompettes retentissent : le tournoi va commencer. Arthur rejoint Kay pour l'aider à revêtir son armure. Quand il arrive sous la tente, son frère lui hurle à la figure :

— Incapable ! Qu'as-tu fait de mon épée ?

Affolé, Arthur fouille parmi les armes. Pourtant il est sûr que l'épée était là tout à l'heure !

— File m'en chercher une autre ! Débrouille-toi ! crie Kay en jetant son frère dehors.

Arthur s'élance. Où aller ? Où trouver une épée ? Il court au hasard. Soudain, il reconnaît le parvis de la cathédrale. Toute pailletée de givre, Excalibur est toujours là, plantée dans le bloc de pierre. Arthur regarde autour de lui. Personne. Il est seul, absolument seul. L'épée n'est pas pour lui, il le sait : il n'est même pas chevalier.

— Si je pouvais seulement l'emprunter… murmure-t-il. Je la remettrais en place après le tournoi… Personne ne s'en apercevrait…

Arthur fait un pas en avant. Il effleure l'épée, ferme sa main sur la poignée et aussitôt, comme si elle était douée de mouvement, l'arme vient à lui sans effort. Arthur sent son corps traversé d'un frémissement inconnu. N'a-t-il pas commis un crime ? Effrayé, il s'enfuit comme un voleur.

Soudain, il entend un hennissement. Kay, à cheval, se précipite vers lui. Il lui arrache l'épée des mains et galope vers le lieu du tournoi. Quand Arthur arrive à son tour, la fête est sur le point de se terminer. Déçu, il va de groupe en groupe lorsqu'une rumeur parcourt la foule :

– Excalibur a disparu !

La terreur envahit Arthur. Comment a-t-il pu croire que personne ne s'apercevrait de son crime ?

Quel dessin correspond à l'histoire ?

– Excalibur est ici ! crie une voix.

De loin, Arthur voit la foule qui fait cercle autour de Kay. Antor regarde son fils avec étonnement.

– Est-ce toi, vraiment, qui as arraché l'épée ? lui demande-t-il.

Kay ne dit rien. Merlin intervient alors :

– Retournons sur le parvis de la cathédrale et remettons l'épée en place. Kay la retirera devant tous, s'il en est capable…

On replace l'arme dans la pierre. Tous les yeux sont fixés sur Kay. Il saisit l'épée et tire vers lui. Mais il a beau tendre tous ses muscles, rien n'y fait : l'épée reste immobile. Il recule d'un pas et baisse la tête, honteux.

– Qui t'a donné Excalibur ? lui demande sévèrement Antor. Parle !

– C'est… c'est Arthur, avoue-t-il.

– Arthur ? Qui est-ce ? demandent les barons.

Antor présente son fils. Quand les barons voient s'avancer, tout rouge d'émotion, un jeune homme qui ne porte même pas d'épée, ils s'écrient :

– Ce petit écuyer, notre roi ? Ridicule ! Ce n'est qu'un gamin !

La foule murmure, mécontente elle aussi. Merlin lève les bras pour réclamer le silence.

– Écoutez tous ! Cet enfant n'est pas le fils d'Antor…

– Un bâtard ? C'est encore pire ! interrompt un des barons.

– Quand Arthur est né, reprend Merlin, ses parents étaient tout juste mariés. Son père ne voulait pas qu'une naissance si rapide fasse honte à sa femme. Aussi m'a-t-il confié l'enfant. Je l'ai fait élever dans le plus grand secret.

Antor confirme ce que dit Merlin. Arthur

regarde celui qu'il aime comme un père et qui n'est pas son père. Et la question qui lui brûle les lèvres, ce sont les barons qui la posent :

– Alors qui est son père ?

– Son père était le roi Uter-Pendragon, annonce Merlin d'une voix forte. J'ai pris soin de cet enfant au cas où le roi n'aurait pas d'autre héritier pour lui succéder.

La foule se tait, incrédule. Les barons hésitent. 17

– Nous voulons une preuve ! s'écrient-ils enfin. Que cet enfant essaie d'arracher Excalibur sous nos propres yeux !

Arthur sent son cœur battre à tout rompre. Est-il vraiment digne de cette épée ? Est-ce bien lui qui est destiné à être roi ? Merlin lui fait un signe d'encouragement. Arthur reconnaît l'anneau d'or. Il se souvient de la rencontre dans la forêt et reprend confiance en lui.

À quel détail Arthur reconnaît-il Merlin ?

– Celui pour qui resplendit l'épée de lumière, celui qui défendra le Droit et le Bien, celui-là est digne d'être notre roi à tous, lui dit Merlin.

Maintenant, Arthur n'entend plus rien, ne voit plus rien autour de lui. Il ne pense plus qu'à une chose : Excalibur. Elle resplendit sur la roche comme si une lumière descendait du ciel pour lui donner une âme.

Le jeune homme touche l'épée. Docilement, elle obéit à sa main. De nouveau Arthur sent un frémissement dans tout son corps. Il brandit l'épée au-dessus de lui tandis que la foule l'acclame. Arthur est bien plus qu'un chevalier. Il est le roi qui sauvera le royaume à la pointe de son épée Excalibur.

1

il l'**enfourche**
Merlin monte à
cheval en plaçant une
jambe de chaque côté
du ventre de l'animal.

2

une **sentinelle**
Soldat chargé de
surveiller les alentours.

3

il **flatte l'encolure**
Arthur donne des
tapes amicales sur
le cou de son cheval.

4

un **écuyer**
Jeune homme au
service d'un chevalier.

5

une **quintaine**
Pantin utilisé au
moyen Âge pour
s'entraîner au combat.

6

l'**adoubement**
Cérémonie au cours
de laquelle un jeune
homme devient
chevalier.

7

le **tintamarre**
Mélange de musique
et de bruits.

8

piller
Voler et détruire
tout ce qu'on trouve.

9

une **lignée**
Famille dont on
connaît les ancêtres.

un **bâtard**
Ici, enfant né sans
père connu.

10
un **parvis**
Place qui s'étend
devant une église
ou une cathédrale.

11
une **prédiction**
Ce qu'on annonce
comme devant
se produire.

12
un **tournoi**
Combat entre
plusieurs chevaliers
sur un terrain clos.

13
des **bannières**
Drapeaux ornés
de dessins.

14
un **blason**
Dessin permettant
de reconnaître une
famille noble.

15
pailletée
L'épée scintille
à cause du gel,
comme recouverte
de paillettes.

16
il **effleure**
Arthur touche à peine
l'épée.

17
incrédule
La foule ne croit
pas ce que dit Merlin.

45

Les aventures du rat vert

<table>
<tr><td>1</td><td>Le robot de Ratus</td><td>9</td><td>Ratus aux sports d'hiver</td></tr>
<tr><td>3</td><td>Les champignons de Ratus</td><td>13</td><td>Ratus pique-nique</td></tr>
<tr><td>6</td><td>Ratus raconte ses vacances</td><td>23</td><td>Ratus sur la route des vacances</td></tr>
<tr><td>8</td><td>Ratus et la télévision</td><td>27</td><td>La grosse bêtise de Ratus</td></tr>
<tr><td>15</td><td>Ratus se déguise</td><td>38</td><td>Ratus chez les robots</td></tr>
<tr><td>19</td><td>Les mensonges de Ratus</td><td>41</td><td>Ratus à la ferme</td></tr>
<tr><td>21</td><td>Ratus écrit un livre</td><td>8</td><td>La classe de Ratus en voyage</td></tr>
<tr><td>23</td><td>L'anniversaire de Ratus</td><td>12</td><td>Ratus en Afrique</td></tr>
<tr><td>26</td><td>Ratus à l'école du cirque</td><td>16</td><td>Ratus et l'étrange maîtresse</td></tr>
<tr><td>29</td><td>Ratus et le sapin-cactus</td><td>26</td><td>Ratus à l'hôpital</td></tr>
<tr><td>36</td><td>Ratus et le poisson-fou</td><td>29</td><td>Ratus et la petite princesse</td></tr>
<tr><td>40</td><td>Ratus et les puces savantes</td><td>31</td><td>Ratus et le sorcier</td></tr>
<tr><td>1</td><td>Ratus chez le coiffeur</td><td>33</td><td>Ratus gardien de zoo</td></tr>
<tr><td>2</td><td>Ratus et les lapins</td><td></td><td></td></tr>
</table>

Les aventures de Mamie Ratus

<table>
<tr><td>7</td><td>Le cadeau de Mamie Ratus</td><td>8</td><td>La visite de Mamie Ratus</td></tr>
<tr><td>39</td><td>Noël chez Mamie Ratus</td><td>31</td><td>Le secret de Mamie Ratus</td></tr>
<tr><td>3</td><td>Les parapluies de Mamie Ratus</td><td>5</td><td>Les fantômes de Mamie Ratus</td></tr>
</table>

Ralette, drôle de chipie

<table>
<tr><td>10</td><td>Ralette au feu d'artifice</td><td>38</td><td>Ralette, reine du carnaval</td></tr>
<tr><td>11</td><td>Ralette fait des crêpes</td><td>4</td><td>Ralette n'a peur de rien</td></tr>
<tr><td>13</td><td>Ralette fait du camping</td><td>6</td><td>Mais où est Ralette ?</td></tr>
<tr><td>18</td><td>Ralette fait du judo</td><td>20</td><td>Ralette et les tableaux rigolos</td></tr>
<tr><td>22</td><td>La cachette de Ralette</td><td>44</td><td>Les amoureux de Ralette</td></tr>
<tr><td>24</td><td>Une surprise pour Ralette</td><td>11</td><td>Ralette au bord de la mer</td></tr>
<tr><td>28</td><td>Le poney de Ralette</td><td>34</td><td>Ralette et l'os de dinosaure</td></tr>
</table>

Les histoires de toujours

Super-Mamie et la forêt interdite

L'école de Mme Bégonia

La classe de 6^e

Achille, le robot de l'espace

Baptiste et Clara

Les enquêtes de Mistouflette

Hors séries

Conception graphique couverture : Pouty Design
Conception graphique intérieur : Jean Yves Grall • mise en page : Atelier JMH

Imprimé en France par Pollina, 84500 Luçon - n° L92354
Dépôt légal n° 42461 - février 2004